Michael Weberschläger

Der Wert eines Facebook-Fans für Coca-Cola

GRIN Verlag

Bibliografische Information der Deutschen Nationalbibliothek:

Die Deutsche Bibliothek verzeichnet diese Publikation in der Deutschen National-
bibliografie; detaillierte bibliografische Daten sind im Internet über http://dnb.d-
nb.de/ abrufbar.

Impressum:

Copyright © 2012 GRIN Verlag GmbH
Druck und Bindung: Books on Demand GmbH, Norderstedt Germany
ISBN: 978-3-656-51040-6

Dieses Buch bei GRIN:

http://www.grin.com/de/e-book/262139/der-wert-eines-facebook-fans-fuer-coca-
cola

GRIN - Your knowledge has value

Der GRIN Verlag publiziert seit 1998 wissenschaftliche Arbeiten von Studenten, Hochschullehrern und anderen Akademikern als eBook und gedrucktes Buch. Die Verlagswebsite www.grin.com ist die ideale Plattform zur Veröffentlichung von Hausarbeiten, Abschlussarbeiten, wissenschaftlichen Aufsätzen, Dissertationen und Fachbüchern.

Besuchen Sie uns im Internet:

http://www.grin.com/

http://www.facebook.com/grincom

http://www.twitter.com/grin_com

Der Wert eines Facebook-Fans für Coca-Cola

Michael Weberschläger, B.A.

Abstract. Die Wertfindung eines Facebook-Fans erscheint wie die Suche nach dem heiligen Gral. Zahlreiche Studien und Artikel befassen sich damit einem Facebook-Fan einen Wert zuzuordnen der gleichzeitig plausibel und nachvollziehbar ist. In diesem Artikel werden einige dieser Studien und Artikel analysiert, interpretiert und miteinander verglichen. Einzelne Begriffe werden erklärt und wissenschafliche Artikel sowie empirische Studien werden als Basis herangezogen um hier ein konkretes Ergebnis hinsichtlich der Wertdefinition eines Facebook-Fans für das Unternehmen Coca-Cola aufzuzeigen. Ziel ist es aber nicht, die Frage des Social Media ROI aufzugreifen.

1 Einleitung

Auf Social Media-Plattformen können User eigene Inhalte erstellen, diese untereinander austauschen und aktiv durch Kommentare und Empfehlungen miteinander in Interaktion treten, dadurch entstehen soziale Beziehungen zwischen den Usern.[1] Facebook ist das derzeit populärste und weit verbreitetste Social Media-Plattform mit ca. 901 Millionen aktiven Usern monatlich.[2] Mehr als 1,5 Millionen Unternehmen sind derzeit mit einer Fan-Page auf der Social Media Plattform vertreten und 20 Millionen User werden täglich Fan einer Facebook-Fanpage,[3] wobei der durchschnittliche Facebook-Nutzer Fan von 9 Marken ist.[4]

Hier stellt sich die Frage welche Beweggründe die Nutzer haben, Fan einer Seite zu werden, bzw. welchen Wert ein Unternehmen einem Fan zuordnet. Letzteres stellt Marketing Experten immer wieder vor die Herausforderung jenen Wert zu quantifizieren und zu messen.[5]

Wie lässt sich also der Einfluss eines Facebook-Fans messen? Traditionelle Messmethoden von Offline-Medien können nicht herangezogen werden, da hier

---

[1] Vgl. Evans, 2008, S. 3.
[2] Quelle: Facebook
[3] Vgl. Safko, 2011, S. 27.
[4] Quelle: DDB and Opinion Way, 2010, S. 44.
[5] Vgl. Sverdlov, 2012, S. 2.

andere Faktoren eine wesentliche Rolle spielen.[6] Der Wert eines Fans für ein Unternehmen und somit auch der Wert der Social Media Aktivität, birgt sehr viele Interpretationen – für Unternehmen ist es daher schwierig, diesen Wert in Form von Kennzahlen auszudrücken und zu messen.

1.1 Fragestellung und Zielsetzung

Der Artikel befasst sich mit einer konkreten Frage: Welchen Wert hat ein Facebook-Fan für das Unternehmen Coca-Cola?

Um diese Frage zielgerecht beantworten zu können, ergeben sich folgende Notwendigkeiten an Definitionen: Die Erklärung der Begrifflichkeit "Fan" auf der Social-Media Plattform Facebook, die Beweggründe ein Fan auf eben dieser Plattform zu werden, sowie der Definition "Wert" eines solchen Fans, im Kontext eines auf Facebook vertretenen Unternehmens.

Durch das Aufarbeiten dieser drei Begriffe, bezogen auf die Fragestellung, lässt sich ein Wert für das Unternehmen Coca-Cola sinnvoll und nachvollziehbar interpretieren.

1.2 Aufbau und Struktur

Der erste Teil der Arbeit (Kapitel 2) beschäftigt sich mit der Definition eines Facebook-Fans, welche Differenzen zwischen Fans und Nicht-Fans bestehen und welche Motivationen ein User haben kann ein Fan zu werden.

Der zweite Teil der Arbeit (Kapitel 3) greift die Frage des Wertes eines Facebook-Fans auf und beinhaltet einen monetären und einen nonmonetären Ansatz der Wertermittlung.

Im letzten Teil der Arbeit (Kapitel 4) wird anhand der Kapitel 2 und 3 ein konkreter Wert eines Facebook-Fans für das Unternehmen Coca-Cola dargestellt.

---

[6] Vgl. Rossmann, 2011, S. 59.

2 Facebook-Fans

Fans sind auf Facebook angemeldete Personen, die eine öffentlich zugängliche, auf Facebook vertretene Seite "liken". Diese Facebook-Seiten dienen dazu, Marken, Unternehmen, Produkte und Organisationen zu repräsentieren und ermöglichen es, mit Fans in Verbindung zu treten und Inhalte zu teilen. Es gibt weder Zutrittsbeschränkungen noch eine Höchstzahl an Fans die einer Seite beitreten können.[7]

Facebook hat im Jahr 2010 beschlossen, das Wort "Fan" durch ein einfaches "Like" zu ersetzen, Grund dafür war laut Facebook, dass die Hemmschwelle etwas zu "liken" niedriger sei, als ein Fan einer Seite zu werden.[8] Trotzdem wird in diesem Artikel der Begriff "Fan" beibehalten, um Verwechslungen zu vermeiden.

Anfang 2011 hatten die Top 10 Marken auf Facebook über 200 Millionen Fans.[9] Von diesen 200 Millionen Fans waren 49% schon Käufer der Marke oder des Produktes, bevor sie Fan der Fan-Seite wurden.[10]

2.1 Differenzierung zwischen Fans und Nicht-Fans

Die Unternehmen "Webtrends" und "DDB" fanden heraus, dass Fans von Unternehmen auf Facebook tendenziell auch deutlich intensivere Facebook User sind.[11] [12] Weiters wurde, basierend auf der North American Technographics Online Benchmark Recontact Omnibus Survey, folgendes herausgefunden:

- Facebook-Fans weisen eine höhere Kaufbereitschaft auf, ziehen auch andere Marken schneller in Betracht und sind eher dazu bereit Marken weiterzuempfehlen als Nicht-Fans.
- Die Anzahl der Fans die Produkte einer Marke kaufen, ist um ein vielfaches höher, als die Anzahl der Nicht-Fans, die ein Produkt einer Marke kaufen.

---

[7] Quelle: Facebook
[8] Quelle: Facebook
[9] Quelle: HBS "Coca-Cola on Facebook", 2011, S. 4.
[10] Quelle: CMB, 2010, S. 17.
[11] Quelle: Kistner, 2011, S. 8.
[12] Quelle: DDB an OpinionWay, 2010, S. 54.

- Der Wert eines Facebook-Fans basiert auf dessen Willen eine Marke weiterzuempfehlen. Die Weiterempfehlung von Produkten ist bei Fans dreimal höher als bei Nicht-Fans. [13]

2.2 Motivation ein Facebook-Fan zu werden

Die Gründe warum ein Facebook User zu einem Fan wird sind höchst unterschiedlich, hierzu gibt es einige Studien die auf Empirie beruhen. In diesem Artikel werden Studien von 3 renommierten Instituten herangezogen, um eine glaubwürdige Basis zu schaffen. Die in der nachfolgenden Tabelle ersichtlichen Werte beruhen auf den Ergebnissen folgender Institute:

- Exact Target, Marketing Provider, 1.500 befragte Personen
- CMB, Consumer Market Research Company, 740 befragte Personen
- DDB, Marketing Communication Network, 1.642 befragte Personen

Motivation ein Fan zu werden	Exact Target [14]	CMB [15]	DDB [16]
Rabatte und Ermäßigungen	40%	40%	41%
Produktverbundenheit	39%	42%	39%
Infos über aktuelle Produkte	33%	-	35%
Infos über aktuelle Aktivitäten	34%	27%	-
Spaß und Entertainment	29%	34%	-
Zugang zu exklusiven Inhalten	25%	26%	28%
Weiterempfehlung	22%	17%	-
Teil einer Community zu sein	-	23%	13%
Interaktion (Ideen, Feedback)	13%	-	13%

Tabelle 1: Motivationsgründe für Facebook-Fans

Hier erkennt man, dass Indikatoren, wie "Interaktion" und "Teil einer Community" eher sekundär für die befragten Personen waren. Positiv zu beurteilen ist die hohe Produktverbundenheit. Daraus ließe sich schließen, dass diese Personengruppe auch aktiv bereit ist diese Marke weiterzuempfehlen.

---

[13] Vgl. Sverdlov, 2012, S. 4.
[14] Quelle: Exact Target Research, 2010, S. 3.
[15] Quelle: CMB, 2010, S. 17.
[16] Quelle: DDB and OpinionWay, 2010, S. 66.

3 Wert eines Facebook-Fans

Aus dem Wort "Wert" lassen sich verschiedene Faktoren für Social Media ableiten, diese Faktoren können sowohl monetär als auch nonmonetär sein.

Es gibt derzeit zahlreiche Studien die sich mit einem monetären Wert eines Face-book-Fans beschäftigen. Diese Studien wurden empirisch belegt, jedoch werden unterschiedliche Faktoren verwendet und Annahmen getroffen, was zur Folge hat, dass hier Werte zwischen \$1.07[17] und \$138.38[18] kursieren und somit für eine wis-senschaftlichen Artikel irrelevant werden. Deshalb liegt das Hauptaugenmerk auf dem nonmonetären Wert eines Fans.

3.1 Grundzüge eines Facebook-Fanwertes

Zur Bestimmung des Wertes eines Facebook-Fans werden Definitionen von Olivi-er Blanchard, Autor des Buches: "Social Media ROI" und Augie Ray, Director of Communication bei USAA und ehemaliger Senior Analyst bei Forrester Research, herangezogen:

Blanchard definierte zur Bestimmung des Wertes 5 Regeln:

- Der Wert eines Fans ist nicht gleichzusetzen mit den Kosten der Fanak-quise.
- Der Facebook-Fanwert ist relativ abhängig zu seinem Kaufverhalten.
- Jeder Facebook-Fan ist einzigartig, somit auch dessen Wert. Er lässt sich mit keinem anderen Fan vergleichen.
- Der Wert eines Facebook-Fans verändert sich.
- Der Fanwert ist abhängig von der Marke und von dem Produkt, der Fanwert gilt daher nur für ein spezifisches Produkt oder eine spezifische Marke.[19]

---

[17] Quelle: Webtrends, 2011, S. 1.
[18] Quelle: Syncapse, 2010, S. 14.
[19] Vgl. Blanchard, 2012, BrandBuilder Blog

Ray nennt 2 weitere wichtige Punkte in diesem Bezug:

- Ein Fan, der eine Seite "liked" weil er sich mit dem Produkt verbunden fühlt, hat einen signifikant höheren Wert, als ein Fan der eine Seite "liked" um Rabatte oder Ermäßigungen zu bekommen.
- Ursache oder Wirkung: Geben Fans mehr für Produkte aus, oder werden Leute die mehr für Produkte ausgeben, zu Fans? [20]

Weiters stellt Blanchard die Frage ob ein Fan überhaupt mit einem monetären Wert beziffert werden kann, oder ob hier völlig andere Bewertungskriterien schlagend werden. [19]

Spätestens durch diese Definitionen wird klar, dass ein durchschnittlicher Facebook-Fanwert nicht existieren kann. Weiters lässt sich daraus schließen, dass die Tatsache ein Fan zu sein noch lange nicht heißt, dass dieser auch Umsatz generiert. Folglich wäre die Fragestellung „Was ist ein Facebook-Fan wert?" falsch und müsste heißen: „Wie kann ich meine Facebook-Fans wertvoller machen?" (sie zum Kauf bewegen).

3.2 Der Wert der Interaktion

Die Plattform Facebook bietet Marken und Produkten die Möglichkeit direkt Kontakt mit einem Kunden oder Interessenten zu haben, wenn dieser dies will. Dadurch eröffnet sich ein völlig neuer Marketingkanal auf Basis der Kommunikation. Fans können aktiv Feedback geben, Ideen einbringen und Produktentscheidungen treffen – vorausgesetzt das Unternehmen lässt dies zu.

Laut einer Studie der Universität St. Gallen, sehen 87% der befragten Unternehmen den wesentlichen Wert eines Fans in der direkten Kundeninteraktion mit eben diesem. [21]

Auch Sucharita Mulpuru, Vice President of Forrester Research meint: "Der monetäre Wert eines Facebook Fans ist nicht unbedingt der wichtigste Teil des Facebook Marketings, die wirksame Einsetzung der Verbindung von Marke und Fan als

---

[20] Vgl. Ray, 2010, Forrester Research Inc. Blog
[21] Vgl. Rossmann, 2011, S. 56.

eigenen Marketing Kanal könnte aber der wertvollste Aspekt in den Social Networks werden." [22]

Vielleicht sollte ein Social Media ROI in erster Linie gar nicht gemessen werden, immerhin stehen im Zusammenhang mit Social Media die Wörter Community, Kommunikation, Dialog, teilen, usw. im Vordergrund. Social Media ist auf Personen zugeschnitten, nicht auf Konsumenten.[23] Es scheint daher naheliegend auch den Wert in diesen Begriffen zu suchen.

4 Wert für das Unternehmen Coca-Cola

Coca-Cola hat in den letzten 5 Jahren das Social-Media Marketingbudget von 3% auf über 20% des gesamten Marketingbudgets erhöht. Es ist also kein Zufall, dass das Unternehmen auf Facebook mit der größten Fan-Seite unter den Einzelmarken vertreten ist.[24]

Muhtar Kent, CEO von Coca-Cola behauptet der Mehrwert aus dem zusätzlich investierten Geld sei die einfache Interaktion mit den Fans, weiters setzte man sich bei Coca-Cola das Ziel mit jedem Fan als Individuum zu kommunizieren und dadurch lokale Netzwerke auf der ganzen Welt zu schaffen.[25]

Forrester Research veröffentlichte 2012 die Studie „The Facebook Faktor". Basierend auf 10.079 online aktiven US-Amerikanern ergab die Studie, dass Facebook-Fans im Vergleich zu Nicht-Fans in allen Fällen einen höheren Wert bringen.[26]

---

[22] Mulpuru, in Mulvihill, 2011, S. 12.
[23] Vgl. Fisher, 2009, S. 193.
[24] Vgl. Harvard Business Review, 2011, S. 96.
[25] Quelle: HBS "Coca-Cola on Facebook", 2011, S. 6.
[26] Quelle: Modifiziert übernommen aus: Sverdlov, 2012, S. 5-8.

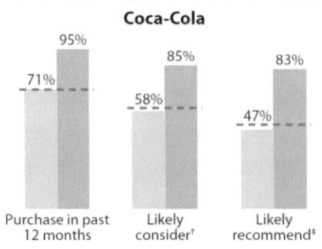

Coca-Cola	
Fan	Non-fan
$134	$59

Abbildung 1: Interaktion mit der Marke von Fans und Nicht-Fans [26]

Abbildung 2: Durchschnittliche Ausgabe für die Marke innerhalb 12 Monaten [26]

Bezugnehmend auf die Aussagen von Muhtar Kent und Coca-Cola in Verbindung mit dem Ergebnis der Studie, ergibt es Sinn, mit den Personen die ganz klar einen höheren Wert schaffen, in Interaktion zu treten. Die Möglichkeit mit diesen Fans in Kontakt zu treten und ihnen so das Gefühl zu verschaffen ein Teil der Community oder gar des Unternehmens zu sein, scheint deshalb der wahre Wert eines Facebook-Fans für Coca-Cola zu sein.

Wie man in der Studie sieht, sind 83% dieser Personen dazu geneigt die Marke oder das Produkt weiterzuempfehlen – und was hat einen höheren Wert, als ein Konsument, der von sich aus ein Produkt weiterempfiehlt?

5 Schlussbemerkungen

Den Wert eines Fans zu ermitteln stellt sich als nicht sehr einfach heraus. Nach der Analyse welche Motivation User bewegen ein Fan einer Marke zu werden, stellte sich heraus, dass viele davon eine hohe Produktverbundenheit haben aber eher selten zu Interaktion mit der Marke tendieren. Fakt ist, dass kein durchschnittlicher Fanwert existieren kann, denn Fans sind nicht immer auch gleichzeitig Kunden. Dies war schließlich der Kernpunkt um den Wert im nonmonetären Bereich zu suchen. Hier kam sehr schnell heraus, dass die Kernelemente aus denen auch Social Media besteht, also Kommunikation, Community, Interaktion und das Teilen von Inhalten[23], auch die wichtigsten Faktoren für die Bestimmung eines Wertes waren. So ergab sich auch für das Unternehmen Coca-Cola ein Wert im nonmonetären Bereich.

6 Literaturverzeichnis

Monographien, Bücher und Sammelbände

Evans, Dave: "Social Media Marketing: An Hour a Day", 2008

Safko, Lon: "The Social Media Bible", Third Edition, 2012

Blanchard, Olivier: "Social Media ROI", 2012

Fachartikel und Journale

Rossmann, Alexander: "Social Media - Eine neue Logik für das Marketing?", in: "Marketing Review Universität St. Gallen", 2/2011, S. 55-60.

Deighton, John / Kornfeld, Leora: "Coca-Cola on Facebook", Harvard Business School Case

Fisher, Tia: "ROI in social media: A look at the arguments", in: Database Marketing & Consumer Strategy Management, Vol. 16, 3, 2009, S. 189-195.

Kent, Muhtar: "Shaking Things Up at Coca-Cola", in: Harvard Business Review, 2011, S. 94-99.

Sverdlov, Gina: "The Facebook Factor", Forrester Research Inc., 2012

Artikel aus dem Web

Mulvihill, Amanda: "Measuring the Value of a Like" www.econtentmag.com, http://www.econtentmag.com/Articles/ArticleReader.aspx?ArticleID=76422, 2011 [heruntergeladen am 04.05.2012]

Ray, Augie: Forrester Research, Inc. Blog "Interactive Marketing Professionals", 2010, "http://blogs.forrester.com/augie_ray/10-07-08-what_value_facebook_fan_zero"

Blanchard, Olivier: "The 5 basic rules of calculating fan value", 2012, "http://thebrandbuilder.wordpress.com/2012/03/20/the-5-basic-rules-of-calculating-fan-or-follower-value/"

Kistner, Justin: Webtrends Research and Presentation: "Ads, Apps & Analytics", 2011, "http://www.slideshare.net/WebTrends/facebook-sessions-atlanta-justin-kistner-webtrends" [heruntergeladen am 30.05.2012]

Facebook Fan/Like: "http://www.facebook.com/help/?faq=146777918726871", 2012, [angesehen am 05.06.2012]

Facebook-Brandpage:
"http://www.facebook.com/help/?page=203955942973503&ref=bc", 2012, [angesehen am 06.06.2012]

Aktive Facebook Nutzer:
"http://newsroom.fb.com/content/default.aspx?NewsAreaId=22", 2012, [angesehen am 06.06.2012]

CMB Report: "Why Social Media Matters to Your Business"", 2010, www.cmbinfo.com "http://www.cmbinfo.com/cmb-cms/wp-content/uploads/2010/04/Why_Social_Media_Matters_2010.pdf" [heruntergeladen am 03.06.2012]

DDB Worldwide and OpinionWay Research, "Facebook and Brands", 2011, verwendet in: "Coca-Cola on Facebook", Harvard Business School Case

Exact Target Research and Report: "Facebook X-Factors", 2010, www.exacttarget.com, "http://www.exacttarget.com/uploadedfiles/resources/SFF5_Facebook_Final.pdf" [heruntergeladen am 30.05.2012]

Syncapse Research: "The Value of a Facebook Fan", 2010, www.brandchannel.com, "http://www.brandchannel.com/images/papers/504_061810_wp_syncapse_facebook.pdf" [heruntergeladen am 06.05.2012]

Webtrends Report: "Facebook Advertising Performance Benchmarks & Insights", 2011, "http://f.cl.ly/items/2m1y0K2A062x0e2k442l/facebook-advertising-performance.pdf" [heruntergeladen am 30.05.2012]